SENTIMIENTOS VITALES

SENTIMIENTOS VITALES
Pilar Remartínez y Nuria de Espinosa

Copyright © Pilar Remartínez, 2009
Copyright © Nuria de Espinosa, 2009

Este libro no podrá ser reproducido ni total ni parcialmente sin el previo permiso escrito del editor.

L&R Editores LLC
8345 NW 66TH ST#8770
MIAMI FL 33166 USA
www.landreeditores.com

ISBN 978-0-9825572-1-1

Portada creada por Pilar Remartínez

PILAR REMARTÍNEZ

A mi marido Manuel
A mis hijos Nacho, José y Miguel
A mis padres

Eres tú mi hombre

Eres tú mi hombre,
consuelo de mi vida,
anima mis días,
mi tristeza cambia
por alegría,
cuando paseamos
cogidos del brazo,
siento cada roce,
te aproximas
sé que me deslumbras,
me enamoras cada día,
te das cuenta,
estas justo ahí,
junto a mí,
me miras fascinado,
solo a mí,
me ves atractiva.
¡Oh! mujer hermosa,
soy satisfacción
que alegra el alma,
tú me amas,
joya invaluable,
eres mi hombre
yo, tu mujer,
agradecer al cielo quiero,
por disfrutar a tu lado.
Así es nuestra vida,
un cuento de hadas
hecho poesía.

Los amantes

Las olas le cubren de besos,
cubre y baña con perfumes,
con sonrisa abre los brazos,
de porcelana su piel.

Él quiere poseerla
entre olas, esta unión,
ella le entrega su amor,
coctel de sentimientos,
entre el deseo y la locura
se pierde en sus manantiales,
¡oh! mujer, prohibida viña

Emborráchate de su cuerpo,
rosadas uvas son tus pensamientos,
mientras se aman laten corazones.
En su pecho le hundió el fruto anhelado,
cual hombre fiero él se sintió extasiado.

Fuerte cual Poseidón,
arranca su amor cual tormenta
entre las juguetonas olas,
canta de placer la ninfa marina,
descubrió el secreto del amor.

Las olas le cuentan secretos,
¡oh! Guárdate de los amantes,
vive en la mar eternamente,
ven que hoy,
hay luna llena

y la mar
esta creciente.

Destino

Escueto es y por eso existe,
no consta el modo que te pueda detener,
concurre atiendes y eres quien responde,
quien instala rencor, siembra querer.
De tiempo y de relojes
eres el dueño,
vaporoso con sentido opositor,
señor de los instantes tristes,
de la dicha siempre el creador,
tú eres la musa intensa
del sol y luna
de la noche y día.
A veces cruel, no entiendes,
haces que la esperanza se confunda,
de la misma manera te ríes,
prestas a la esperanza validez,
sigue sin ganas de pararte,
existe aun sin querer existir,
solemos a veces odiarte

Muchas veces se ríe de ti,
nos regalas lo mejor,
quitando de la vida espinas,
trayendo en un momento lo peor,
produces sentimientos divinos

DESTINO eres tú,
impredecible lo sé,
asesino de los sueños,
otras muchas renacer de la fe.

Poco más o menos imposible describirte,
en la vida se te podrá descifrar,
porque intentar conocerte,
es tratar de odiar al amar

Siempre presente te encuentras,
no te apartas ni te quieres apartar,
a la vida sin avisar entras,
ni tú mismo lo puedes sortear

Soy palabras

Soy palabras al viento,
no dichas, no escuchadas.
Palabras que vuelan,
palabras perdidas,
olvidadas y arrinconadas,
queridas y amadas.
palabras no escritas,
también añoradas.
Palabras, palabras
soy, ayer, hoy, mañana,
olvido, recuerdo,
te dejo, me voy,
¿loca? ¿cuerda?
te quiero, ya no,
te entiendo, hoy no
todas soy.
Dos en una
soy tú y soy yo.

Cuando un hombre ama a una mujer

Cuando un hombre ama a una mujer con pasión, es capaz de exaltarse, es capaz de transfigurarse, de elevarse, de poner lo mejor de si mismo...

Un hombre cuando te ama de verdad, es capaz de hacer todo lo que se proponga, lo puede todo, movido por ese amor, de una forma u otra lo conseguirá.

Atrae en ella o despierta a la diosa que hay en tu interior dormida, abriendo la puerta del paraíso que estuvo cerrada durante tiempo, se vuelve abrir para los dos, la hace que se sienta especial y única, la reina de su corazón.

Las mujeres que tenemos la fortuna de ser amadas, de vivir este amor, hacemos prodigios con solo pensar en nuestro hombre, en cuanto sentimos su presencia se nos alegra el corazón. Somos hadas al servicio del amor al que sin duda sirven, lo sepan o no.

Todo por amor, con su amor y por su amor todo lo embellece e ilumina

Pues ellos serán seguramente, como ellas los amen y los sueñen...
Maravillosos

Mi soledad

Añoro la soledad,
no cualquiera,
añoro mi soledad.
Tardes perdidas,
pasos no dados,
salir, quedándome quieta.
No tener principio,
no tener un fin.
Soledad,
solo unos pocos momentos
para ser, sentir,
pensar, olvidar,
recordar, añorar,
odiar, amar,
solo unos momentos,
y después volver,
volver al ajetreo de la vida,
a la gente.

Doña primavera

Doña primavera eres un primor, repartes colores, olores, como almendro en flor, lleva por zapatos unas amplias hojas y por vestiduras bellas amapolas.
¡Salid a encontrarla por esos caminos!, contentos estamos, contentos venimos, bienvenida seas, porque ya has venido, gritar al unísono "¡está bien, está viva!"
A la tierra enferma, tú les das la savia y en las hondas grietas, germina la vida ,enciende rosales, enciende la esencia de tu propia dicha.
Viste sus encajes, prende sus premuras, doña primavera de manos gloriosas, haz que por la vida derramemos rosas, rosas de alegría, rosa de perdón, rosa de cariño y de admiración.
Doña primavera de aliento fecundo, se ríe de todas las penas del mundo.
Doña primavera bienvenida seas, radiante y coqueta.

Mezclas de olores

Mezclas de olores,
perfumes en el aire,
esencias de ensueño
que hacen fantasear.
Perfumes a eucaliptos,
despejan los problemas,
te llevan a sentir
completamente libre.
Esencias de canela,
endulzadas con miel,
te llenan de ternura,
te enseñan a amar.
Olores de rosas,
coquetas y crédulas,
revela tu inocencia,
tocada por sensualidad.
Es tan increíble
como los sentidos
te hacen viajar
a soñados destinos.
Me llevan a soñar,
lejos de la realidad,
volando por mi mente,
inducida por esencias
llenas de energía y paz.

Mi sueño se hizo realidad

Hoy te soñé como nunca,
la fina línea de tu figura
quedará moldeada en mi piel.
Hoy volví a descubrir,
tu pensamiento en mi cuerpo,
tus manos dejarán la huella.
Lentamente pasearás suavemente,
contemplando lo sutil de tu gracia

¿Qué pensarás al contemplarme?
Pensativo, admirado, sin palabras,
mantienes tu mirada fija,
no lo puedes disimular,
cada detalle es importante.
No fantasearé más,
miro tu tímida mirada.
Hermoso es tu nombre,
te miro, solo que esta vez
te puedo acariciar.

Bienvenida seas, inspiración

Hoy dibujaré con líneas finas las contorsiones de tu figura, arte plasmada es tu figura, hoy lucía el sol, pero de manera distinta, hoy te he visto con tu traje, dispuesta a llenar de colores y sembrar amor.

Dicha inmersa es mi pensamiento cuando mi mano se posa en mis sienes contemplando lo sutil de tu gracia, sí, hoy te he visto una vez más, quedé prendada de tu belleza ,del color de tus ojos, del encanto de tu silueta.

No borraré nada, ni una sola línea, pues cada detalle es parte de la obra, no soplaré para que se desprenda ni una sola partícula de la tiza, que sin ser pintor, puedo plasmar con letras un tendedero de pasión.
Cuanta hermosura hay en este cuadro, cual pintor plasma con el cariño, como el cariño que hay entre una madre y su hijo, invita a cerrar los ojos, sí, hoy te he visto, una vez más quede prendada de tu belleza, del color de tus ojos, del encanto, de la magia, del contacto de la brisa con mi piel. Cerré los ojos para poder atrapar todo eso, poder soñar y sentir el latido de tu corazón, porque sabes bien que te estaba esperando hace tiempo, llegaste al fin, aquí estás otra vez a mi lado.

Eres mi inspiración, todos podemos crear, todos podemos soñar, todos podemos tener originalidad, haz lo que te gusta, crea lo que veas y sobre todo, siéntete libre.

Madre

Madre, déjame sentir esa ilusión perdida, necesito sentirte viva, entrégame el calor de tu mirada, déjame soñar con un nuevo amanecer, que por unos instantes pueda volver, déjame ver esa mirada pensativa, esa sonrisa picaresca, déjame decir todo lo que la vida obliga, consejos y opiniones, una sonrisa emerge tras instantes, pensamientos, deja de pensar, de dar vueltas a todo, deja que todo siga su curso, déjate llevar por tu primer impulso y seguro que volverás a ver las cosas de otro color, quédate con lo bueno, comprende a esa persona, no te quedes en el ayer, que la vida te regale días de risas y buenos momentos.
Sinceramente... yo tu hija

¿Quién eres hombre misterioso de palabras bellas?

¿Quién eres hombre misterioso de palabras bellas? Apareces por la noche, en la oscuridad con paso sigiloso, penetras en mi cuarto.
Me cautivas, escondido tras las letras de un poema dejado al azar palabras hermosas. ¿Acaso eres el sol que ha descendido a la tierra? Quémame en el fuego de tu amor, me invade tu calor, me quema.
¿Quién eres?, descendido de los cielos o elevado del infierno, o eres solo un ruiseñor que viene a mi cuarto a fisgar.
¿Quién eres? dime quien eres ya, sabes correr como el agua, manantial de vida entre mis dedos se te siente pasar y mientras pasas te vas, dejando sólo el aroma de tu cuerpo.
Eres mirada, eres estrella, eres canción, eres poema.
Eres… ¿quién?, dime, por favor, ¿quién eres?

Mezclas de olores

Mezclas de olores,
perfumes en el aire,
esencias de ensueño
que hacen fantasear.
Perfumes a eucaliptos
despejan los problemas,
te llevan a sentir
completamente libre.
Esencias de canela
endulzadas con miel,
te llenan de ternura,
te enseñan a amar.
Olores de rosas,
coquetas y crédulas,
revela tu inocencia
tocada por sensualidad.
Es tan increíble
como los sentidos
te hacen viajar
a soñados destinos.
Me llevan a soñar,
lejos de la realidad,
volando por mi mente
inducida por esencias
llenas de energía y paz.

Nuestra vida

Nuestra vida
es como un río,
brota de la tierra,
se nutre de la lluvia,
navega apresurada
entre obstáculos,
cruza valles y regiones
para luego desembocar
en el mar, que es el morir,
pero mientras llega
pasamos momentos de calma,
de espera, sentimientos tristes,
alegres disfrutad amigos
de todo lo que nos rodea,
acariciar la orilla, coquetear con ella,
hay que cuidarla, es tu amiga,
ella es como ese río.
Cuando parece estancarse,
se agita inquieta, es nerviosa
mira a tu alrededor, descubre
más allá de tus ojos,
hay alguien que espera,
desea escucharte,
hablarte, cuidarte.
Alguien te ofrece su mano,
como el agua cristalina,
resbalas entre sus dedos,
por un instante,
fugaz pero intensa.
Porque tú, amiga,

como el río,
es la vida.

Simplemente mujer

Nacidas de mujer, proporcionamos la vida, simiente, sembramos amor, cultivo y fruto divino. Árbol de fresca sombra, cobijo entrelazado lleno de sol, abres tus ramas, acogiendo con mucho amor, el fruto de tu vientre.
Frutales dulces, aguas claras y serenas, manos llenas de amor, caricias tiernas.
Lucha sin tregua, pasión desbordada, amor verdadero, sacrificio inagotable, mujer, fuente de vida, seno que acuna, regazo que apacigua el alma triste.
Madre, mujer, novia, esposa, amiga, hermana, hija, orgullo, armonía, bendición divina.

A través de los siglos

Paseando historias con comienzos,
tú y yo nos volvemos a encontrar
con la mirada, coloreamos lienzos
del pasado que nos vuelve a mostrar

Dos almas nacidas en el comienzo,
a través de eternidades disputadas,
hermosa poesía de amor recomienzo,
entre damas y princesas encantadas

Guerreros del pasado, encantados,
caballeros paseando por los cielos,
vidas y muertes, caminos agitados,
punto de partida, encuentro consuelos

Almas que nacen unidas, buscaban
vuelos de aves, caminos por andar.
Sombras alguna parte encontraban,
esencias de flor nos tocó desandar

No hay despedidas, solo hasta pronto,
siempre tu amor, por cielo y por mar,
Nada temo unidos, resurges, afronto
aquí o allá juntos habremos de estar

También puedo ser querida

En el amanecer de mi vida llegaste,
sol, encanto, luz de mi oscura noche,
manos que con mucho amor llenaste,
calmas mi sed de ti, feliz sin reproche

Cautivada por la mejor tranquilidad,
hay tantos momentos para compartir,
palabras, ternura, amor, curiosidad.
Anuncios, apego y afecto para repartir.

Te has convertido en el sol que ilumina,
cuando nadie me oye estas siempre ahí,
soledad de mi luz poco a poco culmina
si permanezco callada, te encuentras allí.

Me has enseñado lo que creía imposible,
cuando me inquieto, me coges de la mano,
te siento, me das tu aliento, no soy invisible,
pensaba que todo lo había perdido en vano.

Descubriendo las letras

Hay días en que me siento poeta,
y en las letras desnudo mi alma,
me pierdo por la esquina secreta,
y deseo hallar tus ojos en calma.

Las palabras se descalzan por la orilla,
me esfumo en el dobladillo de la nada,
cartas lanzadas, viajando, soy mejilla,
estaría trazando renglones encantada.
Palabras que no se perdieron, al oído,
en otro espacio aparezco para escribir,
cuando al viento le pregunto consentido.
¿Recordarás nuestro nombre para existir?

Dibujaste

Dibujaste corazones en
mi vientre de bellos colores,
transparentes que volaban
libremente, suavemente.

Dibujaste sombras en el pelo,
con la fragancia de tu presencia,
naturaleza de colores juguetones,
dejando huellas entre mis dedos.

Dibujaste bellas mariposas,
en un jardín maravilloso de rosas,
como lienzo sin igual el cielo.
Por testigo tu silueta silenciosa.

Fuego en mi alma

Fuego en mi alma, prende tu piel en mi corazón,
quieres mecerle, tu voz me arrastra, te alteras,
bailo con las sombras, me empujas sin razón,
me abrazas, salto y derribo muros y fronteras.

Naufrago en tu pecho como si un valle fuese,
vamos a viajar juntos hacia el alma de mi luna,
se rajan, se rompen estrellas y a las nubes besé,
creo que el cielo a pedazos se cae en la laguna.

Encuentro la tempestad en mi vida, parece surgir,
te siento cerca y te siento dentro, y en tu mirada
contenida pasión, alma sin control, puedo elegir.
Suspendido el oxígeno en el aire, estoy cautivada.

Nacen alas de mi espalda y al mundo de fantasía,
tras la ventana, se disipan las partículas de agua,
las nubes, los lagos parecen océanos de poesía,
mi sonrisa grita al viento que es libre, no mengua.

Mi cuerpo quiere volar, mis labios te quieren hablar, no pienso ni quiero estar muy lejos de ti, me pierdo, me resbalo por tu pelo, por tu olor, me siento temblar por tu amor, me consume por tu calor, te deseo y ardo.

Tu presencia puede erizar mi piel con solo rozarme, tu mirada me cuenta todo sin hablar, sin explicación.
Tus besos prenden, tus manos me derriten al

tocarme, tu cuerpo se funde al mío y hacen fuego
de la pasión

Amigo

Amigo siempre estaré orgullosa,
siempre tendrás parte de mi alma,
serte siempre fiel y muy afectuosa,
también formaré parte de tu calma.

Siempre cerca cuando me necesites,
viviré aquí en espíritu siempre estaré,
toleraré tus cambios de ánimo, existes,
trataré de entender necesidades, reiré.

Mas si la tristeza sin llamarla te toca,
juntos iremos, yo te levantaré y animaré,
alejaré dudas, no pienses seremos roca,
cuando te desanimes yo te recordaré.

Cuando necesites silencio, no soledad,
te sientas arriba del mundo cansados,
desees jugar siempre, tendrás amistad,
nos sentaremos juntos, en paz callados

Tienes todo el derecho de estar ahí, te diré,
no estarás en soledad, yo estaré contigo,
mi amistad te podré brindar, te guiaré,
te alegras, como tú lo haces conmigo

Cuando confundido pierdas tu senda,
permíteme guiarte por el mejor sendero,
compartir la grandeza y quitarte la venda,
amigo tú sabrás siempre, será verdadero

El tiempo lo ha hecho sabio

Silencios perdidos en las esquinas,
el tiempo pasa, pasa y no se detiene,
huellas, arrugas en la piel mezquinas,
te callas, sentencias la pluma mantiene.

Cada uno de los versos brota del interior,
heridas en el corazón con tímida simpleza,
sabiduría, belleza, que roban en el exterior,
de la pluma, ella que nutre tu bonita belleza.

Dolores de un alma que borran distancias,
creas con cariño en el virginal pergamino.
Que no mueran tus versos, nutren paciencias
tus letras continúa, no pares poeta tu camino.

Te seguiré buscando

En países sin frontera,
en una enorme ciudad,
entre los pueblos puntera,
la sombra de mi soledad.

La mañana al alba esconde,
medio día, como atardecer.
Tarde fría, confines donde
busqué deseo, permanecer.

Donde se une el mar al cielo,
busqué también imaginación.
Mis sueños alimento, anhelo,
palabras, consuelo y pasión.

Tu esencia hallé, formé versos
con fe y esperanza sin aliento,
te sigo esperando, sin universos
estés donde estés, aún te siento.

NURIA DE ESPINOSA

Este bello libro compartido, se lo dedico a mi marido Alfonso Espinosa, por su paciencia y el amor que me da día a día. En especial a Pilar Remartínez, gran persona, gran amiga y gran escritora, por su confianza y cariño depositados en mí.

La vida

¿Qué es la vida? ¿Sufrimiento y dolor?
o alegría y desazón.
Si te duele es porque sientes,
si sufres porque amas.
Si ríes estás alegre,
si te aman rebosas felicidad.
¡La vida!
momentos amargos,
momentos dulces,
momentos hermosos.
Sufrimos, lloramos, reímos y nos alegramos.
¡La vida! así es la vida.

El escudo

La dureza de mi corazón
es cada día mayor,
el dolor me forjó,
este escudo protector.
Duro como el acero,
frío como el hielo.
La pena no lo podrá traspasar,
la tristeza no lo alcanzará.
Ni el desasosiego ni la desazón,
llegarán a mi interior.
Ese camino solo lo sabré yo,
que solo anhelo alegría y amor.

Poemas

Poemas llenos de amor,
poemas llenos de dolor,
poemas llenos de pasión,
poemas hermosos poemas.
Poemas que llegan al alma,
poemas que te dan calor,
poemas sin palabras,
mudos por el dolor.
Poemas que te atraviesan,
poemas sin corazón.
Poemas llenos de tristeza,
poemas de desamor.
Poemas que solo son
poemas solo poemas.

Despertar

Arropada en mi cama,
descansando, pensando,
con la mirada perdida en el cielo,
mis ojos buscan consuelo.
He tenido un bello sueño,
era tan feliz en él.
Tú me amabas, yo te amaba,
y con dulzura me besabas,
mi cuerpo acariciabas.
Y justo cuando susurrabas
hermosas palabras de amor,
abrí los ojos ¡qué desilusión!
ya amaneció, el vacío es aún mayor.
Sigo encerrada en mi universo,
sigo perdida mirando al cielo.
Pensando solo pensando,
y poco a poco despertando.

El "donjuan"

Tocaba bajo la ventana,
de su bella enamorada,
y con dulzura le decía,
¿por qué no te asomas, princesa mía?
Su princesa se asomó y con dulzura le contestó:
dulce donjuan,
¿acaso he de soñar al oír esta canción?
¡Mi princesa!
Salid al balcón,
os lo pido por favor,
que os cantaré esta canción,
te doy mi voz,
mi cuerpo te ofrezco,
con pasión y enamoramiento,
mis palabras, mi vida, mi aliento,
mi ser y mi voz te ofrezco,
¡vive dios! que osadía,
¿es delito amada mía,
querer con pasión y ardor?
claro que no ¡por dios!
que donjuan más osado,
que a mi ventana ha llegado,
y con su dulce voz
me ofreció todo su amor,
caí rendida a los pies,
de aquel hermoso ser.

Soñando

Anoche soñé algo increíble de creer,
perdida en un bosque estaba,
donde solo un sonido escuchaba,
TIC. TIC. TIC.
Qué será ese sonido, pensé, e incrédula busqué.
Mi sorpresa fue mayor,
cuando vi un corazón
prendido en una flor.
Sorprendida me acerqué, y con asombro miré.
Era un pájaro el que picaba,
y en su empeño no cesaba.
Al descubrir lo que intentaba,
me quede anonadada.
Era mi corazón, el que prendía de esa flor.
Mis brazos levanté y en ese momento desperté.
Aliviada me sentí y feliz pude oír,
PON, PON, PON.
Era mi noble corazón.

El viento

Lo que el viento no consiguió,
fue llevarse todo mi amor.
Tu aroma embriagador,
se quedó en mi corazón.
Te llevaste mi ilusión
mi alma y todo mi amor.
El viento sopla sin cesar,
parece susurrar,
no lo quiero escuchar,
tu nombre intenta gritar.
Tu aroma puedo sentir,
pero tu nombre
no quiero oír.

¡Por Dios!

Echada sobre mi cama,
la luz de la mañana
entraba por mi ventana.
Con asombro me destape,
y desnuda me encontré.
Si en pijama me acosté,
¿qué sucedió con él?
¡Hay dios mío! ¡qué horror!
¿sería el cava? o quizás yo.
¿Qué fue lo que cené?
¡Ahora que pienso!
¿Quién me trajo? ,no recuerdo.
¿Tanto cava bebí?
¡Qué vergüenza! ¡Qué horror!
Si al menos supiera quién me desnudo.

Ilusión

Oleadas de ilusión,
tengo yo en el corazón.
La calma que me acompaña,
ha puesto paz a mi alma.
La luz del sol,
por fin me iluminó.
Alegre y feliz,
sonrió al fin.
La música me empalaga,
me siento anonadada.
Bailo al son de una canción,
giro y giro con ilusión.
Si entrego amor
y obtengo desamor.
¡No importa! no hay rencor.
Otro amor llenará este corazón.

Inquietud

Aquella mujer que perdió la fe.
Que soñó con un mundo mejor.
Que todo lo hacía con ilusión,
un día perdió la razón.
Al amanecer se levantaba,
y a caminar se marchaba.
Hacia donde caminaba,
solo a ella le inquietaba.
Caminaba sin parar,
hasta la orilla llegar.
Le gustaba ver el mar,
y al horizonte mirar.
Anhelaba navegar,
y a una isla llegar.
Perderse en el mar,
para nunca regresar.
Pero un día amaneció,
y vio un mundo mejor.
Fue un sueño o quizás no,
pero le dio la ilusión,
y recobró la razón.
Ahora sonríe feliz,
ya no ve un mundo tan gris.

Melodías

Bailando con emoción,
al son de una canción.
Mis caderas muevo con gracia,
la melodía que me acompaña.
Que armonía en el compás,
veo a todos mirar.
Con sonrisa y frenesí,
hacen un coro hacia mí.
Qué vergüenza siento yo,
teniendo todos a mi alrededor.
Pero bailo con ilusión,
me embarga la emoción,
al oír esta canción.
Bailo y bailo sin parar,
pues me aplauden hasta el final.

La lluvia

Un día al atardecer,
mirando la lluvia caer,
recordé que tal vez,
ángeles pudieran ser.

Que al ver un mundo tan cruel,
sus lágrimas no pudieron contener.
Que al ver tanta vanidad,
egoísmo y maldad,
no pudieron aguantar,
y arrancaron a llorar.

Pero pronto se calmaron,
y sus lágrimas cesaron.
Al ver emocionados,
un mundo menos malvado.
Al ver a buena gente convivir,
con humildad y armonía.

Sin importarles país o condición,
cultura o religión.
Todos viviendo con emoción,
por un mundo algo mejor

Cielo estrellado

En la oscuridad de la noche,
miles de ojos te miran,
son las estrellas que brillan.

La luna está sonriendo,
le encanta lo que está viendo,
tan solo la nubla el viento.

Ese cielo estrellado,
a la luna ha embrujado,
fascinada sonríe sin más,
iluminándose cada vez más.

El amor

Cuando te conocí
mi vida cambió.
Cuando te hable,
muda quede.
Cuando te oí,
algo sentí.
Tu olor
en mi piel quedó.
Tu amor
cegó mi corazón.
Cuando todo
se pone gris,
solo tengo que
pensar en ti
para ser
completamente feliz.

Alma noble

Cuando alguien te echa una mano
sin pedir nada a cambio,
solo hay una razón,
detrás late un noble corazón.

Un corazón exaltado,
que a una amiga ha brindado,
su tesoro más preciado,
¡su nobleza interior!

Qué podría hacer yo,
en mi humilde condición,
que un poema dedicar,
y mi gratitud demostrar.

Corazón noble, alma elocuente,
osado, tenaz, efímero y apasionado,
solo puedo decir,
gracias por ser así.

Dar la vida

Miedo, miedo al silencio,
miedo a perder la honestidad.
Miedo a no poder contar,
miedo a ser incapaz
de soportar la realidad.
Abatida y desconsolada,
aterrada por la ignorancia.
La angustia de no saber,
qué pasará después.
Si a tu casa volverás,
y con tu madre hablarás.
Ella siempre te perdonará
y la vida por ti dará.

Ser amada

Hoy te quiero recordar
el significado de amar.
Amar con honestidad,
amar con sinceridad.
Ser fiel en el amor,
y amar con pasión.
Amar con tanta intensidad,
que hasta los huesos
notes doler.
Amar sin herir,
amar,
y perder el sentido.
Sentir el placer
de su amor y su querer.

Volví a pintar

Amarillo es mi color,
amarillo me faltó,
como loca me volví,
pues mi sol no estaba allí.
Todo se volvió gris,
y aquel cuadro destruí,
luego me arrepentí.
Fue un impulso
ya lo sé.
Pero faltaba mi color,
el amarillo ilusión.
Entonces cogí un pincel,
de nuevo lo pinté,
y de ninguno me olvidé.

Un cambio

El porqué todo pasó,
¿quién lo sabe?
ni tú,
ni yo.
Solo sé
que todo terminó.
Sin motivo,
sin razón.
Fuiste tú,
o fui yo.
Pero mi vida cambió.

Seguir caminando

Como dos velas al viento,
caminemos sin pensar,
caminemos nada más.
Emprendamos el camino,
sin pensar en el destino
que cruzó nuestro camino
y no nos pudo separar.
A lo largo de los años,
hemos sufrido tanto,
que una brecha nos dejó
en el centro del corazón.
Tres flores han brotado,
por ellos hemos aguantado.
El tiempo sigue pasando
nuestro camino
es aún más largo.
Mas la fuerza de nuestro amor,
es cada día mayor.

Con paciencia

Con cariño, con amor,
esto te lo digo yo.
Que te amo,
que te adoro.
Que el fuego de mi ser,
solo lo apagó tu sed.
Ya no quiero ni beber,
total ¿para qué?
Si después has de marchar,
pues vete y no vuelvas más.
En la fuente beberé,
con orgullo bailaré.
Alegre sonreiré,
y feliz yo viviré.

Maldito cuadro

Un cuadro he pintado,
de colores he llenado.
El rojo de mi sangre,
el blanco de mis ojos.
El rosado de mi piel.
El azul de mis lágrimas.
El verde esperanza,
el naranja ilusión,
el negro de mi alma.
Pasé la mañana pintando,
para luego destrozarlo.
La locura me invadió,
pues olvidé un color.

Pilar Remartínez

Nacida en Madrid, esta escritora autodidacta es la directora de la revista de difusión literaria Cerca de ti, ha escrito "Notas del Corazón", "Corazones compartidos" y "Lucas y la Luna" entre otros. Colabora con numerosas publicaciones de difusión de la literatura como El rincón del caminante. Escribe artículos de mitología en la revista especializada los nuevelibros.com

Nuria de Espinosa

Escritora y poeta autodidacta catalana, sus poemas han suscitado mucho interés en México. Ha escrito "No estoy sola", una novela de misterio, "Poemas y relatos cortos" y "Momentos", un libro de poesía. Pertenece a redes de difusión literaria como Cerca de ti

Sentimientos Vitales

Descubre el alma femenina a través de estas dos mujeres, ambas nos desnudan su alma en Sentimientos vitales

www.ingramcontent.com/pod-product-compliance
Ingram Content Group UK Ltd.
Pitfield, Milton Keynes, MK11 3LW, UK
UKHW022213230426
12048UKWH00016BA/816